BEI GRIN MACHT SICH IHR WISSEN BEZAHLT

- Wir veröffentlichen Ihre Hausarbeit, Bachelor- und Masterarbeit
- Ihr eigenes eBook und Buch - weltweit in allen wichtigen Shops
- Verdienen Sie an jedem Verkauf

Jetzt bei www.GRIN.com hochladen und kostenlos publizieren

Bibliografische Information der Deutschen Nationalbibliothek:

Die Deutsche Bibliothek verzeichnet diese Publikation in der Deutschen Nationalbibliografie; detaillierte bibliografische Daten sind im Internet über http://dnb.dnb.de/ abrufbar.

Dieses Werk sowie alle darin enthaltenen einzelnen Beiträge und Abbildungen sind urheberrechtlich geschützt. Jede Verwertung, die nicht ausdrücklich vom Urheberrechtsschutz zugelassen ist, bedarf der vorherigen Zustimmung des Verlages. Das gilt insbesondere für Vervielfältigungen, Bearbeitungen, Übersetzungen, Mikroverfilmungen, Auswertungen durch Datenbanken und für die Einspeicherung und Verarbeitung in elektronische Systeme. Alle Rechte, auch die des auszugsweisen Nachdrucks, der fotomechanischen Wiedergabe (einschließlich Mikrokopie) sowie der Auswertung durch Datenbanken oder ähnliche Einrichtungen, vorbehalten.

Impressum:

Copyright © 2017 GRIN Verlag, Open Publishing GmbH
Druck und Bindung: Books on Demand GmbH, Norderstedt Germany
ISBN: 9783668461079

Dieses Buch bei GRIN:

http://www.grin.com/de/e-book/366660/einfuehrung-ins-unternehmensmarketing-und-in-marketingmodelle

Florian Leuze

Einführung ins Unternehmensmarketing und in Marketingmodelle

GRIN Verlag

GRIN - Your knowledge has value

Der GRIN Verlag publiziert seit 1998 wissenschaftliche Arbeiten von Studenten, Hochschullehrern und anderen Akademikern als eBook und gedrucktes Buch. Die Verlagswebsite www.grin.com ist die ideale Plattform zur Veröffentlichung von Hausarbeiten, Abschlussarbeiten, wissenschaftlichen Aufsätzen, Dissertationen und Fachbüchern.

Besuchen Sie uns im Internet:

http://www.grin.com/

http://www.facebook.com/grincom

http://www.twitter.com/grin_com

Inhaltsverzeichnis

Versionierung 1
Marketing 2
    Allgemein 2
        Ziele 2
        Grundnutzen 2
        Befriedigtes Bedürfnis 2
        Werbewirksamkeitsmodelle 3
            AIDA Modell 3
            Sor-Modelle 3
    Marktforschung 4
    Produktlebensphasen und Marketingaufgaben 5
        Marketingaufgabe (Schwerpunkte) 6
    SWOT-Analye 7
        Definition Wiki 7
        Stärken-Schwächen-Vergleich 9
        Spinnendiagramm zur Beurteilung 9
        Daten, Kennzahlen, … für SWOT und Stärken- Schwächenanalyse 9
    Boston-Matrix 10
    Operatives Marketing 10
    Marktsegmentierung 11
    Marketingmix 11
    Beschäftigte im Vertrieb 13
        Handelsvertreter (selbstständiger Gewerbetreibender) 13
        Handelsreisender(Angestellter der Firma) 13
        Beispielrechnung 1 (Buch S. 173) 13
        Beispielrechnung 2: 14
    Kundensegmentierung 14
        Vorraussetzungen für Marktsegmentierung 14
        Franchise 14

Versionierung

Versionsnummer	Datum	Bearbeiter	Änderungen
V 0.1	30. 01.2017	FL	Stärken-Schwächen-Analyse, Spinnendiagramm, Kennzahlen
V 0.2	01.04.2017	FL	Marketingmix/rechtliche Bestimmungen, Kundensegmentierung, Handelsvertreter/-reisender, Franchise

Marketing

Allgemein

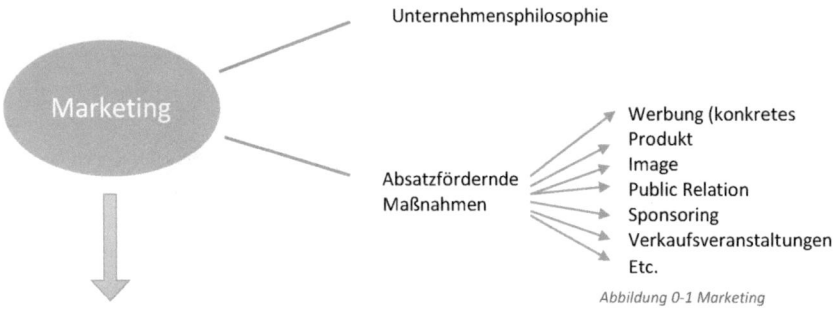

Abbildung 0-1 Marketing

Ziele
- Aufmerksamkeit → Bekanntheitsgrad
- Absatz – Umsatzsteigerung
- Marktanteile
- Imagepflege
- Rendite, ROI (Return Of Investment)
- ….

Grundnutzen ←→ Befriedigtes Bedürfnis
Telefon → Kommunikation von A nach B   Ansehen, Zugehörigkeit, Zusatzfunktionen, soziale Kontakte, Neid,

Werbewirksamkeitsmodelle

AIDA Modell

A ttention
I nterest
D esire
A ction

Sor-Modelle

S timulus
O rganismus
R esponse/eaktion

Modell McGuire

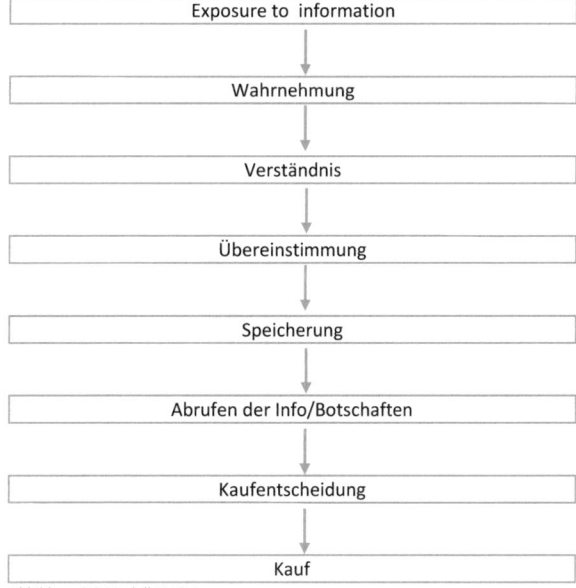

Abbildung 0-2 Modell McGuire

Marketing

Marktforschung

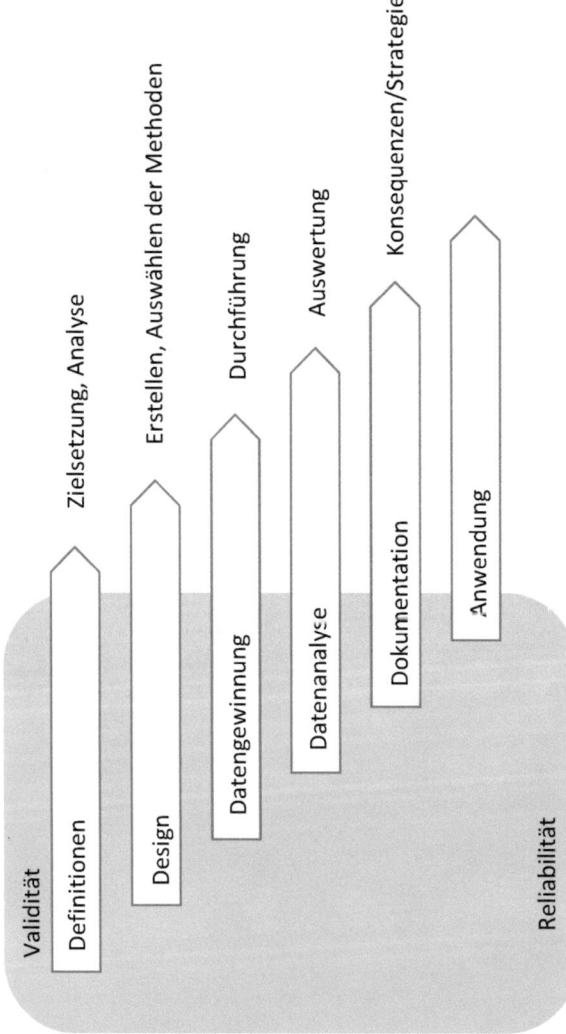

Abbildung 0-3 Marktforschung

Marketing

Produktlebensphasen und Marketingaufgaben

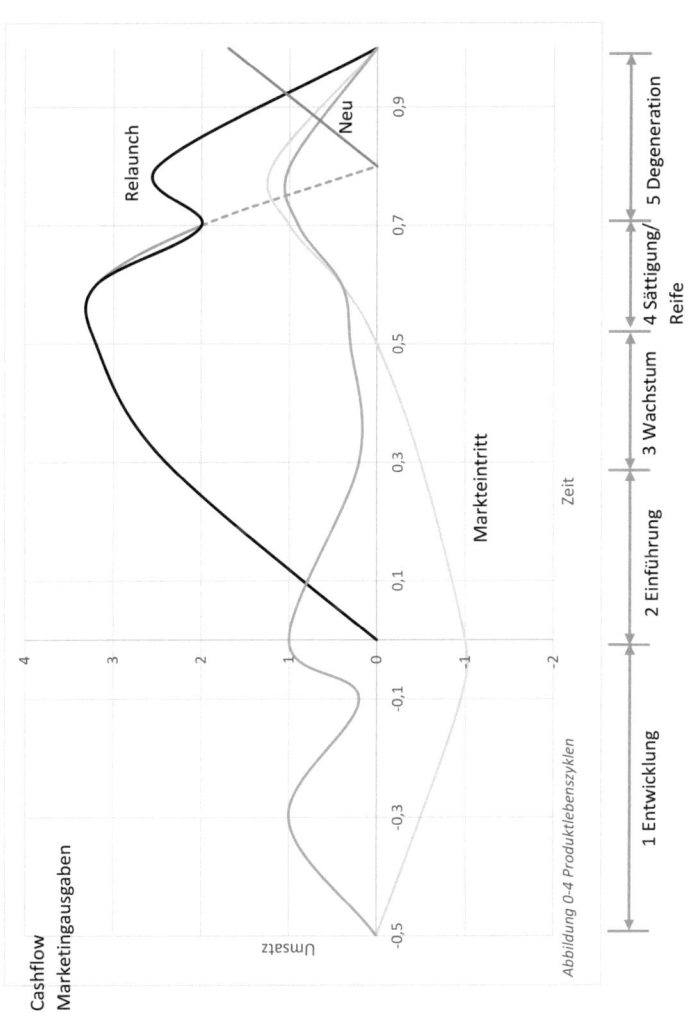

Abbildung 0-4 Produktlebenszyklen

Marketing

Marketingaufgabe (Schwerpunkte)
1. *Entwicklung*
   Kundenwünsche ermitteln, beeinflusse, generieren, Produkterfordernisse in Organisation umsetzen
   Distribution, Service, ... anpassen
2. *Einführung*
   Erstkäufer gewinnen, Bekanntheitsgrad erhöhen, Distribution anpassen
3. *Wachstum* ASIC
   Wettbewerber fernhalten, Distribution anpassen, Nutzen erhöhen
4. *Sättigung/Reife*
   Wiederkäufer, preispolitische, produktpolitische Maßnahmen
5. *Degeneration*
   Ausstieg vorbereiten, Relaunch, Neuprodukteinführung (?)

BWL   Marketing   24. Januar 2017

SWOT-Analye
Definition Wiki

SWOT-Analyse

„Die **SWOT-Analyse** (engl. Akronym für **S**trengths (Stärken), **W**eaknesses (Schwächen), **O**pportunities (Chancen) und **T**hreats (Bedrohungen)) ist ein Instrument der strategischen Planung. Sie dient der Positionsbestimmung und der Strategieentwicklung von Unternehmen und anderen Organisationen.[1] Die SWOT-Analyse hat einen militärischen Ursprung und wird auch in vielen Kampfsportarten praktiziert.[2] Chancen sind Möglichkeiten, durch neue und/oder verbesserte Produkte und Dienstleistungen vorhandene und/oder neue Kunden zu gewinnen oder Stammkunden zu halten. Diese Chancen können durch (attraktive) Angebote von Wettbewerbern oder durch technologische und wirtschaftspolitische Veränderungen gefährdet sein (Risiken). Sobald die Risiken aus Sicht der Verantwortlichen zu groß werden, sind geeignete Maßnahmen einzuleiten. Die Auswahl der Aktionen richtet sich nach der Einschätzung der eigenen Stärken und Schwächen (im Vergleich zum Wettbewerb) durch die Entscheidungsträger.[3]

Umweltanalyse (externe Analyse)
In der externen Analyse wird die Unternehmensumwelt untersucht, man spricht auch von Umweltanalyse. Die Chancen bzw. Gefahren kommen von außen und ergeben sich aus Veränderungen im Markt, in der technologischen, sozialen oder ökologischen Umwelt. Die Umweltbedingungen sind für das Unternehmen vorgegeben, die hier wirkenden Kräfte sind weitgehend exogen. Das Unternehmen beobachtet oder antizipiert diese Veränderungen und reagiert darauf mit Strategieanpassung.

Unternehmensanalyse (interne Analyse)
Stärken bzw. Schwächen beziehen sich auf das Unternehmen selbst, ergeben sich also aus der Selbstbeobachtung des Unternehmens. Man spricht deshalb auch von der *Inweltanalyse*. Stärken bzw. Schwächen produziert das Unternehmen selbst, es sind Eigenschaften des Unternehmens bzw. werden vom Unternehmen selbst geschaffen, sie sind also Ergebnis der organisationalen Prozesse."

Zitatfeld 1: wikipedia.org

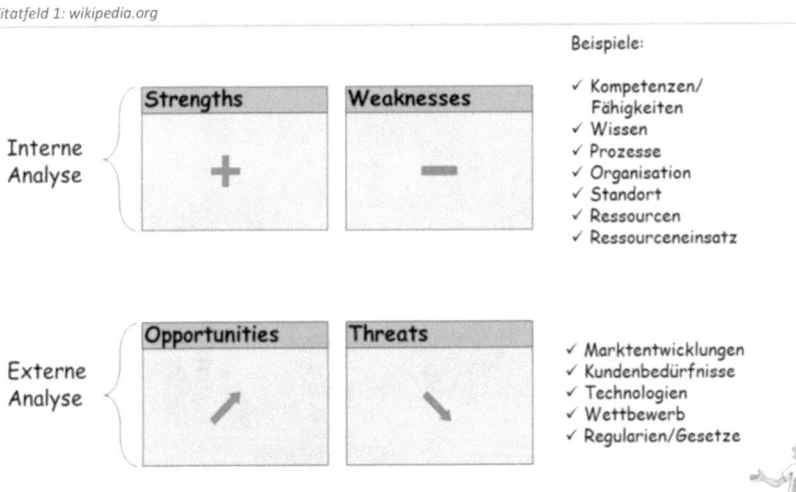

Abbildung 0-5: Quelle https://www.youtube.com/watch?v=S8TV0_uOfoI

interne Analyse / externe Analyse	**Stärken** Image, Qualität, Finanzkraft,...	**Stärken** Image, Qualität, Finanzkraft,...
Chancen Freihandels-abkommen, neue Technologien, Innovationen	Stärken-Chancen-Strategie	Schwächen-Chancen-Strategie
Risiken Wettbewerber, Prozesse, Technologie, Spekulationen	Stärken-Risiken-Strategie	Schwächen-Risiken-Strategie

Abbildung 0-6 SWOT-Analyse

BWL Marketing 30. Januar 2017

Stärken-Schwächen-Vergleich

Kriterium	Beurteilung										
Ausprägung	0	1	2	3	4	5	6	7	8	9	10
Lieferzeit											
Vollständigkeit											
Sortiment											
Qualität											
Standortnähe											
Versandqualität											
Image											
Beratung											
.....											

0 nicht vorhanden
10 sehr gut

Granzow
Sonnepar
Löffelhard

Tabelle 1-1 Stärken-Schwächen-Analyse

Spinnendiagramm zur Beurteilung

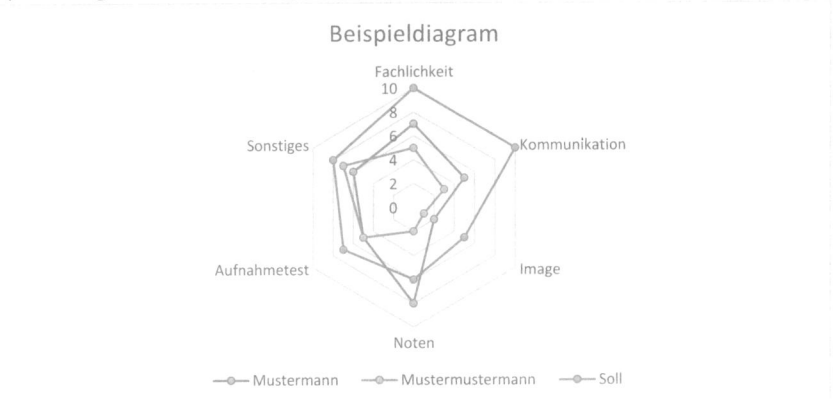

Abbildung 0-7 Spinnendiagramm

Daten, Kennzahlen, ... für SWOT und Stärken- Schwächenanalyse

- Bedürfnisträger des Einzugsgebietes
  → $Durchschnittsausgaben\ je\ Bedürfnisträger$
  → $+\ Zufluss\ von\ Kaufkraft\ aus\ Einzugsgebiet$
  → $-\ Abfluss\ von\ Kaufkraft\ aus\ Einzugsgebiet$

$= Marktpotenzial$

- $Marktsättigung = \frac{Marktvolumen * 100\%}{Marktpotenzial}$

- $Marktanteil = \frac{Absatzvolumen * 100\%}{Marktpotenzial}$

- $relativer\ Marktanteil = \frac{eigenes\ Absatzvolumen * 100\%}{Absatzvolumen\ Marktführer}$

Marketing

Boston-Matrix

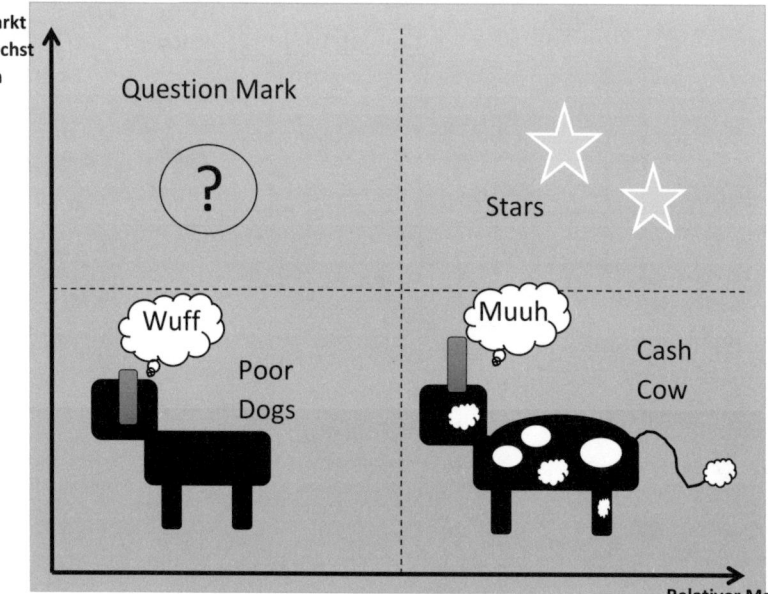

Abbildung 0-5 Boston Matrix

Operatives Marketing

4Ps   7Ps

Product (Produktpolitik)
Price (Preispolitik)   Klassische
Promotion (Kommunikationspolitik)   Werbebereiche
Placement (Distributionspolitik)

Personal (Personalpolitik)
Physical Facilities (Ausstattung)   Neue Werbebereiche
Processmanagement (Prozess-Management)

Marktsegmentierung

- Verhaltensorientierung
  Preissensibilität, Informationsquellen, Kaufmotive, Wagnisfreudigkeit, Nutzungshäufigkeit
- Psychographische Kriterien
  Interessen, Einstellungen, Wertehaltung, Nutzenerwartung, Lebensstil, Persönlichkeit,
- Soziodemografische Kriterien
  Altersstruktur, Familienstand, Geschlecht, Ausbildung, Einkommen, Bildung, Nationalitäten,
- Geografische Kriterien
  Staat, Land, Region, Stadt

Marketingmix

Für rentable Kundensegmente wird ein Marketingmix.
- Produktpolitik
  - Produktvariation -> Ändern funktionale, ästhetische oder symbolische Eigenschaften
  - Produktinnovation -> neue Techniken, Funktioen, Dienstleistungen
  - Produktvariation: Erweiterung einer Produktlinie
  - Produktdiversifikation:
    - horizontal: gleiche Wirtschaftsstufe
    - vertikal: vorgelagert/nachgelagert
    - lateral: kein Zusammenhang
  - Produktelimination: Produkte werden vom Markt genommen
- Preispolitik (Kontrahierungspolitik)
  - Preispolitik
  - Rabattpolitik: Mengenrabatt, Saisonrabatt, Wiederverkäuferrabatt, Treuerabatt
  - Zahlung- Lieferungsbedingungen
  - Finanzierungspolitik
  - Preisfindung
    - Kosten
    - Kundenakzeptanz
    - Verhalten der Wettbewerber
    - Strategie
  - Preisdifferenzierung
    - räumlich
    - zeitlich
    - nachfrageorientiert
  - Psychologische Preise
  - Zugabenpolitik
  - Zuschlagspolitik
- Promotion
  - Was möchte ich dem Kunden sagen?
  - Wie (auf welchen Kanälen)...?
  - Welche Kunden?
  - Mit welcher Absicht?

- 5 M's
  - → Mission -> Ziel der Werbekampagne
    - Imagesteigerung, Bekanntheitsgrad, ...
  - → Money -> Budget
  - → Message -> Welche Information soll glaubhaft verbreitet werden
  - → Media -> Welche Medien?
  - → Measurement -> Kontrolel der Werbewirksamkeit
- Werbung: gezielte, kundenspezifische – produktspezifische Meinungsbeeinflussung
- Clienting: materielle Anerkennung, Events für emotionale Verbindung
- Eventmarketing: Veranstaltungen mit hoher Publikumswirklichkeit
- Productplacement: Film, Fernsehen
- Sponsoring: Unterstützung von Sport-Kultur-Veranstaltungen
- Sales Promotion: zeitbegrenzte Zusatzanreize für Kauf, z.B. 20% mehr Inhalt zum gleichen Preis
- Directmarketing: (Kunde muss Geschäftsbeziehung haben) direktes Ansprechen, kleine Zielgruppen

- **Placement**
  - Distributionspolitik
    - → physikalische Distribution
    - → aquisitorische Distribution
      - Festlegung der Distributionswege
        - eigener Vertrieb
        - Absatzmittler
        - Absatzhelfer
    - → Kundenbezogen
      - Kundenanzahl/PLZ-Bereich
      - Einkaufsmengen/Preise
      - Aufgeschlossenheit der Kunden
        - z.B. B2B (Business to Business)
        - B2C (Business to Customer)
        - B2A (Business to Administration)
    - → Produktbezogen
      - Erklärungsbedürftigkeit
      - Produkthaltbarkeit, Produktverderblichkeit
      - Markenimage
    - → rechtliche Bestimmungen
      - Apotheken
      - Spritzmittel
      - Exportvorschriften

Beschäftigte im Vertrieb

Handelsvertreter (selbstständiger Gewerbetreibender)
- verkauft Produkt und Leistungen im Namen eines Unternehmens
- erhält Provision

Handelsreisender (Angestellter der Firma)
- ist im direkten Vertrieb beschäftigt
- sozialversicherungspflichtiger Mitarbeiter
- bekommt Grundgehalt und Provision

Beispielrechnung 1 (Buch S. 173)

Handelsreisender Fixum	36.000 €/a
Lohnnebenkosten	20.000 €/a
Geschäftswagen	18.000 €/a
Treibstoff	6.000 €/a
Kommunikationskosten	800 €/a
Reisekosten	3.200 €/a
Summe	84.000 €/a
Provision vom Umsatz	1%
Handelsvertreter Provision	10%

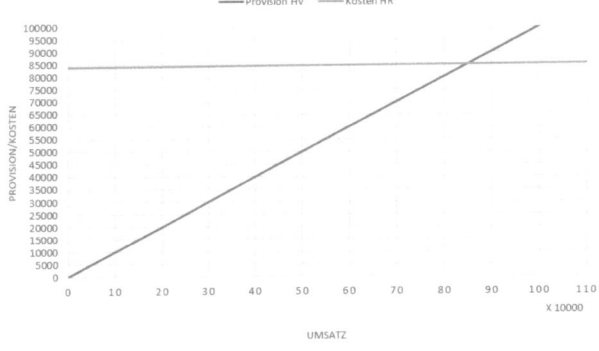

$$K_{HV} = K_{HR}$$
$$10\% * U = 84.000\ €/a + 1\% * U$$
$$10\% * U - 1\% * U = 84.000\ €/a$$
$$U = \frac{84.000\ €/a}{10\% - 1\%}$$
$$U = 933.833\ €/a$$

Abbildung 0-6 Recheneispiel 1 Kurve

Marketing

Beispielrechnung 2:

Handelsreisender Fixkosten	60.000 €/a
Handelsreisender Provision	3% für U > 50.000 €/a
Handelsvertreter Kostenersatz	6.000 €/a
Handelsvertreter Provision	10%

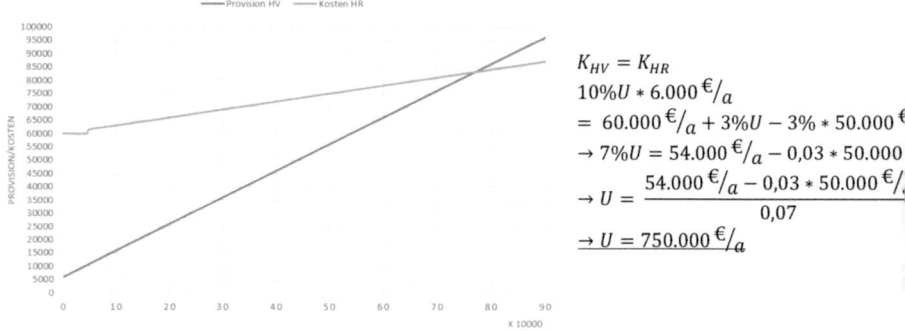

$$K_{HV} = K_{HR}$$
$$10\%U * 6.000\ €/a$$
$$= 60.000\ €/a + 3\%U - 3\% * 50.000\ €$$
$$\rightarrow 7\%U = 54.000\ €/a - 0{,}03 * 50.000$$
$$\rightarrow U = \frac{54.000\ €/a - 0{,}03 * 50.000\ €/}{0{,}07}$$
$$\rightarrow U = 750.000\ €/a$$

Abbildung 0-6 Rechenbeispiel 2 Kurve

Kundensegmentierung

Ziel: Kundengruppen bilden, die gemeinsame Reaktionskomponenten aufweisen.
Kriterien identisch mit *Marktsegmentierung* (Siehe Seite 12).

Vorraussetzungen für Marktsegmentierung
- Messbarkeit, Erfassbarkeit
- Profitabilität
- Tragfähigkeit (Größe, Potential)
- Stabilität
- Erreichbarkeit

Franchise

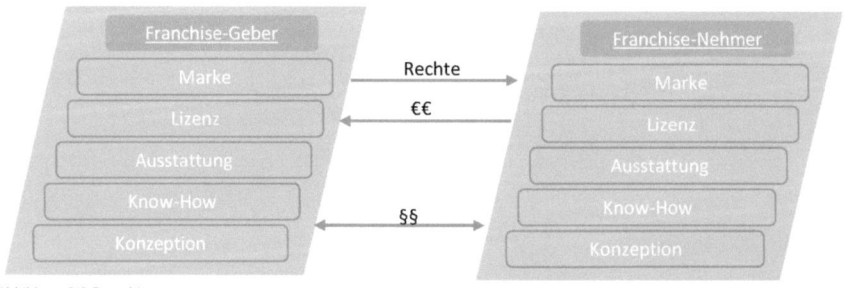

Abbildung 0-8 Franchise

BEI GRIN MACHT SICH IHR WISSEN BEZAHLT

- Wir veröffentlichen Ihre Hausarbeit, Bachelor- und Masterarbeit

- Ihr eigenes eBook und Buch - weltweit in allen wichtigen Shops

- Verdienen Sie an jedem Verkauf

Jetzt bei www.GRIN.com hochladen und kostenlos publizieren